1 MONTH OF
FREE
READING

at

www.ForgottenBooks.com

By purchasing this book you are eligible for one month membership to ForgottenBooks.com, giving you unlimited access to our entire collection of over 1,000,000 titles via our web site and mobile apps.

To claim your free month visit:

www.forgottenbooks.com/free480962

ISBN 978-0-656-83854-7
PIBN 10480962

This book is a reproduction of an important historical work. Forgotten Books uses state-of-the-art technology to digitally reconstruct the work, preserving the original format whilst repairing imperfections present in the aged copy. In rare cases, an imperfection in the original, such as a blemish or missing page, may be replicated in our edition. We do, however, repair the vast majority of imperfections successfully; any imperfections that remain are intentionally left to preserve the state of such historical works.

RELATION

DES DERNIERS

TREMBLEMENS DE TERRE

arrivés

EN CALABRE ET EN SICILE.

Envoyée à la Société Royale de Londres,

Par M. W. HAMILTON,

Miniftre du Roi d'Angleterre à la Cour de
Naples, Chevalier de l'Ordre du Bain,
Membre de la S. R. de Londres, &c. &c.

Traduite de l'anglois

Et enrichie de notes traduites de l'Italien du
Doct. G. SELLA, Correfpondant de l'Académie
Royale des *Georgofili*.

A GENEVE

Chez PAUL BARDE, Libraire.

& fe trouve à Paris

Chez MERIGOT jeune, Libraire, quai des
Auguftins, au coin de la rue pavée.

M. DCC. LXXXIV.

À MONSIEUR,

HORACE BENEDICT DE SAUSSURE,
Professeur de Philosophie à Genève,
Membre de plusieurs Académies,
&c. &c. &c.

MONSIEUR,

JE vous devois à plus d'un titre
l'hommage de cette Relation. C'est
Vous qui avez bien voulu me la faire

connoître en Original & m'encourager à la publier en François. En la voyant reparoître fous les aufpices d'un ami tel que vous Monfieur, l'Illuftre Auteur ne pourra que la recevoir avec indulgence, & le Public n'y verra pas, avec moins de plaifir, un nom auffi diftingué dans toutes les branches des Sciences phyfiques, & que des connoif-fances profondes, & des recherches heureufes, rendent' de jour en jour plus célèbre.

Je fuis avec le plus fincere refpect,

MONSIEUR,

Votre très-humble & très-obéiffant ferviteur
PAUL BARDE.

Quæramus ergo quod fit, quod terram ab infimo moveat, cur modo tremat, modo luxata fubfidat, nunc in partes divifa difcedat, & alias intervallum ruinæ fuæ diù fervet, alias cito comprimat; nunc amnes notæ magnitudinis introrfum abforbeat, nunc novos exprimat, aperiat aliquando aquarum calentium venas, aliquando refrigeret, ignesque nonnunquam per aliquod ignotum antea montis, aut rupis foramen emittat, aliquando notos & per fæcula nobiles ignes comprimat, mille miracula moveat, faciemque mutet locis, & deferat montes, fubrigat plana, valles extuberet, & novas ex profundo infulas erigat.

Sen. Quæst. Natur. VI. Cap. 4.

MONSIEUR,

Je m'estime fort heureux de pouvoir répondre à vos vœux, & d'être en état de vous donner, à vous, Monsieur, & à mes Collegues de la Société Royale, quelque idée du tremblement de terre qui vient de se faire sentir, d'une maniere si funeste, dans les deux Calabres (1), à *Messine*, & dans la partie voisine de la

---

(1) C'est-à-dire, la Calabre Ultérieure, & cette partie de la Sicile appelée *Vallée de Demona.* La Calabre Ultérieure, qui forme la pointe de la botte de l'Italie, est divisée par les plus hautes montagnes des Apennins, du septentrion au midi, dont plusieurs sont de nature volcanique. La Vallée de *Demona* en Sicile est située en face de la Calabre Ultérieure; son territoire est assez élevé au-dessus du reste

A

Sicile, depuis le 5 Décembre dernier. Les
rélations, adreſſées officiellement au Se-
crétaire d'Etat de S. M. Sicilienne, nous
avoient déjà appris divers détails importans ſur ce terrible événement. On ſavoit
que le pays le plus maltraité eſt cette
partie de la Calabre, qui eſt compriſe
entre le 38ᵉ. & le 39ᵉ. degré ; que les
ſecouſſes les plus violentes ſe ſont fait
ſentir depuis le pied des montagnes de
l'Apennin, appelées *Monte Deio*, *Monte
Sacro* & *Monte Caulone* juſqu'au mont *Syla*
à l'oueſt, (2) & à la mer de Toſcane ; qu'à

---

de l'Isle, & rempli de hautes montagnes, dont
la plus célèbre eſt l'Etna. Au nord de cette
vallée on trouve les isles de *Lipari*, fameuſes
par leurs volcans, d'où l'on peut conclure que
les terres baſſes, tant de la Calabre que de la
Sicile, ſont de toute part environnées de volcans, ce qui les a toùjours rendues ſujet-
tes à des tremblemens de terre auſſi terribles
que fréquens.

(2) Le mont Syla fait partie des Apennins
de la Calabre Ultérieure, pays des anciens
Brutiens : il étoit fameux dès ces tems-là par
une immenſe & ſuperbe, forêt des plus beaux
arbres, propres à la conſtruction de tout genre,
& dont on retiroit une grande quantité de poìx :

proportion de la diſtance où les habitations ſe ſont trouvées de ce centre, d'où
partoient les ſecouſſes, le ravage qu'elles
ont cauſé a été plus ou moins conſidé-
rable ; que celles des 7, 26, 28 Février
& 1 Mars ont été les plus terribles, mais
que, depuis la premiere du 5 Février (3),
la terre a été dans une agitation continuelle que le mouvement en étoit de di-
verſe nature, &, pour me ſervir des
expreſſions italiennes, ou *vorticoſo* (4).

---

cette belle forêt s'étend encore de nos jours
depuis *Taverno* juſqu'à *Reggio*, l'eſpace de
pluſieurs milles : c'eſt la même dont Virgile
fait mention dans ſon Liv. 12. de l'Eneïde :

Ac velut ingenti Syla, ſummo que Taburno.

(3) Au rapport de Seneque, dans ſes *Queſ-
tions naturelles*, ce même jour [auquel tom-
boient les Nones de Février] fut fatal à la
campagne de Rome, par un tremblement de
terre dont elle fut dévaſtée ſous l'Empire de
Néron & le Conſulat de Régulus & de Virginius.

(4). Ariſtote & Pline diſtinguent deux ſortes
de tremblement de terre, eu égard au genre de
leurs ſecouſſes ; ſavoir, par *tremblement* & par
pulſation ; le premier eſt horizontal par vibra-
tions alternatives, ſemblables à l'eſpece de

ou *orizontale*, ou *ofcillatorio*, c'eft-à-dire,
qu'on fentoit quelquefois un mouvement
de tournoyement, ou de tourbillon, ou
un balancement horifontal, ou des efpeces
de coups & de pulfations qui venoient de
bas en haut ; que des pluies violentes ou
de violens orages ont accompagné ces
mouvemens de la terre : qu'enfin, la face
du pays, qui en avoit été le malheureux
théâtre, en étoit entiérement changée,
& que ces altérations préfentent une variété de phénomènes très - finguliers.

Ces rélations, dont je fupprime ici les

---

fecouffe qu'éprouve une perfonne qui a la fievre :
le fecond confifte dans un mouvement perpendi-
culaire *haut & bas* ; le nom qu'Ariftote donne à
cette derniere efpece eft tiré de fa reffemblance
avec une liqueur qui bout. Agricola en augmente
le nombre & les claffe en quatre fortes, que le
Grand Albert réduit à trois ; favoir, par *incli-
naifon*, quand la terre ofcille & fe balance
alternativement d'une partie à l'autre ; par *pul-
fation*, quand elle fe meut de bas en haut,
comme fait l'artere au poulx qui fe refferre & fe
dilate ; & *vorticofo*, c'eft-à-dire, par un mouvement tournoyant, lorfque la terre éprouve une
fecouffe avec une efpece de friffon tournoyant
& de fredonnement comme la flamme.

détails, ne pouvoient qu'ajouter à ma curiofité. Vous favez, Monfieur, combien tout ce qui tient au fujet des volcans m'intéreffe. Je ne pouvois douter que les fecouffes de ce tremblement de terre, étant renfermées dans les limites d'un pays affez peu étendu, elles n'indiquaffent quelque grande opération chymique de la nature, & que cette opération n'eût des rapports avec ce qui fe paffe dans les volcans. Pour éclaircir toutes les queftions qui s'élevoient à ce fujet dans mon efprit, & découvrir, s'il étoit poffible, quelques vérités à travers tant de ténébres qui nous les cachent toujours ; je pris fur - le - champ la réfolution d'employer le peu de tems dont je pouvois difpofer, c'eft - à - dire, une vingtaine de jours, à parcourir les parties de la Calabre Ultérieure & de la Sicile qui ont été les plus affeétées, & l'étoient encore alors par les tremblemens de terre ; & juger ainfi, par mes propres yeux, des phénomènes les plus importans que l'on en racontoit.

Dans ce deffein, ayant loué une *Spéronaire* Maltoife pour moi, & une *Felouque* Napolitaine pour mes domeftiques, je quittai *Naples* le ·2 de Mai, muni de tous les paſſeports néceſſaires & des ordres de S. M. Sicilienne, pour tous les Officiers & Commandans de ſes provinces & de ſes ports, de me donner toute l'aſſiſtance, la protection & les ſecours néceſſaires à la pourſuite de mon objet. Je fis un voyage très - agréable dans ma *Spéronaire* Maltoiſe. Ce ſont d'excellens bateaux, dont les conducteurs ont une grande réputation d'habileté. Je rangeai la côte de la Principauté Citérieure & de la Calabre Ultérieure , après avoir paſſé le golfe de *Policaſtro.* Ce fut à *Cedraro*, que j'obſervai les premiers effets du tremblement de terre. Pluſieurs des principaux habitans de cette ville avoient quitté leurs maiſons, & vivoient dans des baraques nouvellement conſtruites, quoiqu'aucune maiſon dans toute la ville, à ce que je pus voir, n'eût ſouffert de dommage. A *St. Lucido* je trouvai le palais du Baron & le clocher de l'Égliſe endommagés, & la plus grande partie des habitans réfugiés auſſi dans des baraques comme à *Cedraro.* Ces baraques ſont des bâtimens en bois, aſſez ſemblables à ceux de nos foires de village, quoiqu'en vérité pluſieurs de celles que j'ai vues reſſemblent encore mieux à des étables à porc. Comme mon objet étoit de pénétrer, le plutôt poſſible, au centre de tous ces déſaſtres, ayant peu de tems, & beaucoup de choſes à examiner, je me contentai de voir, à une certaine diſtance, les villes de *Maida*, *Nicaſtro* & *Ste. Euphemia*, & je me dirigeai ſur *Pizzo*, ville de la Calabre Ultérieure, où je pris terre vers le ſoir du 6 Mai. Cette ville, ſituée au bord de la mer, bâtie ſur une *Tuffa* (5) ou lave volcanique, avoit été fort endommagée par le tremblement du 5 Février; mais elle fut complettement ruinée par celui du 28 Mars : comme les habitans, au nombre d'environ 5000, avoient été ſuffiſamment avertis pour abandonner leurs maiſons, & pour ſe réfugier dans les bara-

---

(5) Terme Napolitain, qui exprime un mélange de cendre & de pierre-ponce, vomi par les volcans, qui acquiert avec le tems la conſiſtance d'une pierre tendre & légere : ce ſont les ſeules traces de quelque ancienne exploſion volcanique que j'aie trouvé dans toute la Calabre.

ques, lors de la premiere fecouffe du 5
Février, la mortalité n'y fut pas confidérable à celle du 28 Mars: mais ces nouvelles habitations ayant été mal conftru.
tes, & la plûpart fur un terrain refferré
& mal fain, il furvint une épidémie qui
enleva une grande partie de ces malheureux. Elle étoit encore à mon arrivée dans
une grande force, malgré les fages efforts
du Gouvernement pour en arrêter les
progrès. Il eft fort à craindre que l'ac-
croiffement des chaleurs ne prépare le
même fort à la majeure partie des infortunés habitans de la *Calabre*, auffi bien que
de *Meffine*. Ceux de *Pizzo* me parurent
être déjà habitués à cette incommode maniere de vivre, car j'y trouvai des boutiques de toute efpece, ouvertes dans ces
rues de baraques, qui, pour la plûpart,
font bien chétivement conftruites.

On a fait ici l'obfervation que le Volcan
de *Stromboli*, qui eft en face & en pleine
vue de la ville, à la diftance d'environ
cinquante milles, avoit moins jetté de
fumée & vomi moins de matieres en-
flamées, pendant ces tremblemens de
terre, qu'il n'avoit fait ces dernieres an-

nées. La nuit que je paffai dans ma *Spé-*
ronaire, que j'avois fait amarrer, je fus
réveillé par une rude fecouffe, qui fem-
bloit partir du fond du bateau, mais qui
ne fut accompagnée d'aucun bruit fou-
terrein : mes domeftiques en reffentirent
le même effet dans leur barque. Le jour
fuivant je les fis partir avec mon bateau
pour *Reggio*, tandis que je pris à cheval
le chemin de *Monteleone*, ville fituée fur
une colline à fix milles de *Pizzo*. Je fis
cette route fur une terre glaife, femée de
cailloux brifés, très - difficile & à peine
praticable dans cette faifon, mais au-tra-
vers du plus fertile & du plus beau pays
que j'euffe jamais vu. C'étoit un véritable
jardin d'oliviers, de meuriers, d'arbres à
fruit & de vignobles. Ces arbres ombra-
geoient une abondante moiffon de toutes
fortes de graines, de pois, de fèves, &
d'autres légumes, qui me parurent croître
parfaitement, quoique fous cet ombrage
épais. Tel eft l'afpeect que préfente toute
la plaine de *Monteleone*, excepté quelques
parties occupées par de vaftes forêts de
chênes & d'oliviers: ces derniers font d'une
groffeur que je n'aurois jamais pu imagi-

A v

ner, étant la moitié auffi gros que les chênes mêmes, qui, dans ce pays, font cependant de beaux bois de conftruction, & au moins trois fois plus gros que les oliviers qu'on trouve dans la *Campagna Felice*. Ils font plantés réguliérement dans quelques parties de la plaine, & croiffent au hafard dans d'autres.

Quoique le but de mon voyage fût purement de jetter un coup-d'œil rapide fur les lieux qui avoient tant fouffert de cet affreux bouleverfement, mon attention étoit continuellement détournée, & comme abforbée par l'admiration que me caufoit la fertilité & l'afpect que préfente cette riche & délicieufe Province, qui furpaffe de beaucoup tous les pays que j'avois encore vus. Outre les deux précieufes productions d'huile & de foie, dans lefquelles cette Province efface toutes les autres, & peut-être tous les pays du monde, elle abonde encore en grains, vins, coton, fruits & légumes de toutes fortes; & fi la population & l'induftrie y alloient de pair avec la fertilité, j'ofe affurer que le revenu de la Calabre Ultérieure feroit doublé dans peu de tems. J'ai vu des bois

entiers de meuriers, dont les propriétaires
m'ont affuré ne pas retirer plus de cinq
fchelings par acre, & qui rendroient plus
de cinq livres fterling, fans la difette de
bras pour cueillir les feuilles & pour culti-
ver les vers à foie.

La ville de *Monteleone*, anciennement
Vibo Valentia (6), eft agréablement fituée
fur une colline, qui domine la mer &
la riche plaine dont je viens de parler.
Cette plaine eft bornée au Nord & à l'Eft
par les Apennins, & couronnée en quelque forte par l'*Afpra Monte*, la plus haute
de cette chaîne de montagnes. Elle eft

---

(6) *Vibo Valentia*, auffi nommée par Strabon
Hippo & Hipponium, étoit une ancienne & célèbre ville des Brutiens, qui donna fon nom au
golfe voifin de Ste. Euphemia, nommé par les
anciens hiftoriens *Sinus Vibonienfis Phocienfium
& Sinus Naptinus*, & par *Pline* & Tucidyde
Sinus Terinus. Il fe pêche d'affez beau corail,
le long de cette côte, & en grande quantité;
la pêche du Thon y eft fi adondante, qu'il n'eft
pas rare d'en voir prendre 500 & jufqu'à mille
par jour, & ces deux productions ne laiffent
pas d'accroître les richeffes naturelles de la
Calabre.

parſemée de villes & de villages, qui ne
ſont plus, hélas ! que des monceaux de
ruines. *Monteleone* ſouffrit peu des pre-
mieres ſecouſſes du tremblement de terre
du 5 Février, mais beaucoup de celles
du 28 Mars, (quoique peu de perſonnes
y périrent,) & tous les habitans ſont
réduits à vivre dans des baraques, dont
la plûpart ſont conſtruites de planches ou
de roſeaux recouverts de plâtre en dehors.

Il faut que ce pays ait été de tout tems
ſujet aux tremblemens de terre, puiſque
les Seigneurs y ont habituellement une
baraque près de leur palais, pour s'y
retirer à la moindre allarme. J'en ai ha-
bité une très-belle, compoſée de pluſieurs
chambres très - bien meublées, qu'avoit
fait conſtruire l'aïeul du Duc actuel de
Monteleone. C'eſt aux bontés de ce Seigneur que je ſuis redevable de la ſûreté
& des commodités que j'ai trouvées dans
cet intéreſſant voyage, ainſi qu'à l'attention qu'il eut de me remettre, à mon
départ de *Naples*, une lettre pour ſon
Intendant, au moyen de laquelle j'ai non-
ſeulement été reçu & traité dans ſon ha-
bitation avec toute l'hoſpitalité & l'hon-

nêteté imaginables, fourni de chevaux
affurés pour moi & mon domeftique ,
mais encore accompagné de deux de fes
gardes à cheval, qui connoiffoient parfaitement tous les chemins de traverfe
dont ce pays eft coupé ; avantage fans lequel il m'eut été impoffible de vifiter dans
quatre jours, comme je le fis , avec quelque efpece de sûreté , tous les endroits
entre *Monteleone* & *Reggio* qui méritoient
mon attention. On ne peut, fans l'avoir
éprouvé foi-même , fe former une idée
de l'horrible état des chemins dans la
Calabre , même dans cette faifon , non
plus que de l'excellence des chevaux de
ce pays.

Tout le monde eft d'accord ici , que
toutes les fecouffes du tremblement de
terre fembloient venir avec le bruit d'un
gros vent, du côté d'occident , qui com-
mençoit ordinairement par une commotion horifontale , & fe terminoit par le
mouvement du tournoyement (*vorticofo*)
dont on a parlé. C'eft cette derniere direc-
tion des fecouffes qui à renverfé la majeure partie des édifices dans cette Province : j'ai trouvé cette obfervation établie

dans tout le pays. Une autre , que je n'y ai
pas trouvée moins générale, c'eſt qu'avant
chaque ſecouſſe , les nuages paroiſſoient
fixés & immobiles , & qu'immédiatement
après une violente averſe , on reſſentoit
une ſecouſſe (7). J'ai vu ici & ailleurs pluſieurs perſonnes qui ont été renverſées par
la violence de quelques-unes ; & pluſieurs
payſans m'ont raconté, que la commotion
fut ſi violente, que les plus gros arbres
en furent pliés , & que leur cîme touchoit
preſque la terre (8) : que pendant ce

---

(7) L'air qu'on appelle inflammable , qui,
en ſe développant & s'allumant dans les entrailles
de la terre, produit la ſecouſſe du tremblement
de terre, étant d'une nature très-ſubtile & infiniment légere, tranſpire & s'échappe preſqu'au
même inſtant de la ſecouſſe, par les fentes de
la terre, & s'élance dans l'atmoſphere avec une
très-grande viteſſe; mais comme cet air inflammable eſt encore doué d'une immenſe force
expenſive, il excite dans ſon aſcenſion un gros
vent, qui repouſſe avec violence, dans la région
inférieure, les vapeurs plus peſantes, telles que
la pluie, la foudre, &c.
(8) Ce fait ne paroîtra certainement pas
plus extraordinaire que celui rapporté par Pline
à l'occaſion d'un grand tremblement de terre

tems-là, on voyoit les bœufs & les chevaux étendre & écarter leurs jambes le plus qu'ils pouvoient, comme pour se roidir contre le danger, & qu'ils donnoient par-là des signes non équivoques de l'approche de chaque commotion. J'ai observé moi-même que dans les parties qui avoient le plus souffert des tremblemens de terre, le braiement d'un âne, le hennissement d'un cheval, ou le cri d'une oie (9), faisoient sortir le peuple de

---

[Lib. II. c. 83.] *In agro Mutinensi*, dit-il, *montes duo interse concurrerunt strepitu maximo, assultantes, recedentesque inter eos flamma, fumoque in cælum exeunte, interdiu spectante, in Via Emilia, magna Equitum Romanorum, familiarumque & viatorum multitudine.*

(9) L'homme qui, par l'assemblage des sens, & l'excellence de son intelligence, surpasse tous les autres animaux, est ensuite surpassé par eux dans la perfection de quelque sens particulier, & spécialement dans le goût & l'odorat; ensorte qu'il n'est pas merveilleux que les animaux ressentent avant l'homme la commotion du tremblement de terre, qui commence ordinairement dans l'air, & qu'ils en donnent les premiers signaux par leurs différens mouvemens & par l'expression aiguë de leur frayeur.

ſes baraques , & étoient une occaſion
foudaine d'un très-grand débit de *Pater-
noſter* & *d'Ave Maria* , qu'il répétoit avec
ferveur dans la cruelle attente de la ſecouſſe.
De *Monteleone* je deſcendis dans la plaine ,
paſſant par nombre de villes & de villages
qui avoient tous été plus ou moins bou-
leverſés , en proportion de leur proxi-
mité de la plaine , qui me parut avoir été
le centre de toutes les commotions de ces
divers tremblemens de terre. La ville de
Mileto , ſituée dans un fond , eſt totalement détruite , & n'a pas une maiſon
entiere. À quelque diſtance , nous vîmes
Soriano & ſon ſuperbe couvent de Domi-
nicains, qui ne ſont plus qu'un monceau
de décombres ; mais comme mon objet
me portoit moins à viſiter des ruines qu'à
obſerver les grands phénomènes produits
par ces tremblemens de terre , je m'acheminai vers *Roſarno*. Je dois cependant faire
ici mention de la faculté bien remarquable
qu'ont certains animaux de vivre un très-
long-tems ſans nourriture : on en cite pluſieurs exemples pendant ces derniers tremblemens de terre. C'eſt ainſi qu'à *Soriano*
deux cochons engraiſſés qui étoient reſtés

enfevelis fous un tas de décombres, en furent retirés vivans au bout de quarante-deux jours. Ils étoient amaigris & foibles, mais ils ne tarderent pas à reprendre leur premier état (10). Je tiens ce fait d'un des Ingénieurs de Sa Majefté Sicilienne, qui fut préfent à leur délivrance.

J'ai remarqué dans le cours de ce voyage, que toutes les habitations fituées fur des endroits élevés, dont le fol étoit d'un fable graveleux, reffemblant à un granite fans confiftance, avoient moins

---

(10) Un jeûne aufli long paroîtra fans doute un fait incroyable ; mais il faut obferver en premier lieu, que, dans les animaux très-gras & replets, comme ceux dont il eft queftion, la graiffe dans un long jeûne fe convertit en chyle, & peut fournir un copieux aliment pour les foutenir en vie : en fecond lieu, qu'il n'eft pas impoffible que ces deux animaux n'aient trouvé près d'eux quelque dépôt de grain ou d'autres alimens entraînés parmi les ruines. Perfonne ignore la grande force qu'ils ont dans leur oin, avec lequel ils remuent la terre très-profondément, pour chercher des vers, des racies, &c. Le cas femblable, arrivé à deux jeues filles, comme on le verra ci-après, me paroît bien plus furprenant.

fouffert que celles fituées dans la plaine. En effet, ces dernieres font détruites & entiérement rafées ; le fol de la plaine eft une glaife fablonneufe, blanche, rougeâtre ou brune. La blanche eft plus commune ; elle eft remplie de coquillages marins ; particuliérement de coquilles de pétoncles. Cette vallée de glaife eft entrecoupée en plufieurs endroits par des rivieres & des torrens qui fe précipitent des montagnes, & forment par-tout au travers de ce pays, de larges & de profonds ravins.

Auffi-tôt que nous eumes dépaffé les ruines de la ville de *St. Pietro*, nous découvrîmes en plein la *Sicile* & le fommet du *Mont Etna*, qui jettoit beaucoup de fumée.

Un peu avant d'arriver à *Rofarno*, près d'un gué de la riviere de *Mammella*, nous paffâmes au travers d'une plaine marécageufe, où je découvris quantité de petits creux dans la terre, de la forme d'un cône renverfé. Ils étoient recouverts de fable, ainfi que le fol d'alentour. On me dit que, pendant le tremblement de terre du 5 Février, il fortoit avec violence de chacun de ces trous, une fontaine d'eau mêlée de terre, & pouffée à une hauteur très confidérable. J'ai parlé ici à un payfan, témoin oculaire du fait, qui fut couvert d'un de ces jets d'eau mêlée de fable; mais qui m'a affuré qu'elle n'étoit pas chaude, comme quelques-uns l'ont prétendu. Il me dit qu'avant l'apparition de ces jets d'eau, le lit de la riviere fut à fec; mais que bientôt après fe rempliffant avec rapidité, fes eaux furpafferent de beaucoup leur hauteur ordinaire. J'ai trouvé depuis que le même phénomene avoit conftamment été obfervé à l'égard de toutes les rivières de la plaine, pendant la formidable fecouffe du 5 Février. On peut en donner aifément l'explication, en fuppofant la premiere impulfion du tremblement de terre, venue de bas en haut (ainfi que l'atteftent tous les habitans). La furface de la plaine s'élevant alors fubitement, ces rivieres qui ont peu de profondeur, devoient naturellement difparoître; & la plaine fe rabaiffant enfuite tout-à-coup à fon premier niveau, les rivieres reprenoient auffi naturellement

leur cours & se débordoient. De même
l'abaissement subit des terres pleines de
marais & de fondrieres, forçoit les eaux
cachées sur leur surface à sortir avec violence, ce qui produisit les jets qu'on
avoit remarqués. J'ai de même observé
que les autres endroits où ce phénomène
avoit eu lieu, étoient des terrains bas &
marécageux. Entre cette place & *Rosarno*,
nous passâmes la riviere de *Messano* ou
Metauro, sur un fort pont de bois de
sept cent palmes de long, que le Duc
de *Monteleone* a fait construire derniere-
ment. Les gouffres & les crevasses pro-
duites par le tremblement de terre dans
le lit de la riviere & sur ses rives, rom-
pirent le pont en deux parties, & le sol
sur lequel les piliers sont placés ayant
subi une altération considérable, le pont
ne représente pas mal, par sa forme, les
ondes d'une eau agitée; & les barrieres
de chaque côté en sont restées comme
découpées d'une maniere curieuse; mais
les parties séparées ayant été rejointes,
on peut le passer actuellement sans danger. Le Pontenier du Duc me dit aussi,
qu'au moment du tremblement de terre,

cette grande riviere fut parfaitement à
fec, pendant quelques fecondes; & que
pendant la violence de fon reflux, le pont
étoit en mouvement & fe balançoit comme
les ondes d'une maniere très-extraordi-
naire. Quand je parle du tremblement
de terre dans la plaine, on doit toujours
entendre celui du 5 Février, qui fut beaucoup plus terrible que les autres, & qui
fut la caufe du plus grand ravage; par la
raifon qu'on n'en avoit apperçu aucun
avant-coureur, & qu'on n'avoit pu par
conféquent prendre aucune précaution.
La ville de *Rofarno*, où étoit un palais des
Ducs de *Montéléone*, a été entiérement
ruinée, mais les murs de la ville font reftés
debout à la hauteur d'environ fix pieds,
& font encore propres à adoffer des baraques. La mortalité dans ce bourg, peuplé
d'environ trois mille perfonnes, n'a pas
excédé deux cent. On a remarqué à *Rofarno*, & la même obfervation a été faite
dans toutes ces villes ruinées que j'ai eu
occafion de vifiter, que les hommes qui
y ont péri, ont été généralement trou-
vés fous les ruines en pofture de lutter
& de fe roidir contre le danger, tandis

que les femmes y ont été trouvées presque
toutes dans celle de l'abattement, les mains
croifées fur la tête, & s'abandonnant à
leur défefpoir, à l'exception toutefois de
celles qui avoient des enfans, qui ont été
trouvées les ferrant affectueufément dans
leurs bras, ou dans telle autre attitude
qui exprimoit leur vive follicitude, & qui
rendoit avec énergie l'expreffion de leurs
foins & de leur tendreffe maternelle.

Le feul bâtiment qui foit refté intact à
Rofarno, eft la prifon de la ville, bâtie
avec beaucoup de folidité, & qui renfer-
moit trois fameux fcélérats, qui auroient
probablement perdu la vie, s'ils euffent
été en liberté. Après avoir dîné dans une
de ces baraques, dont le propriétaire avoit
perdu cinq perfonnes de fa famille dans le
tremblement de terre, je m'acheminai
vers *Laureana*, traverfant fouvent le large
& vafte lit de la riviere de *Metauro*.

Les environs de *Laureana*, fituée fur
une colline, font véritablement le jardin
d'Eden; je n'ai rien vu qui puiffe leur
être comparé. La ville eft confidérable;
mais comme le tremblement de terre ne
s'y fit pas fentir fi fubitement que dans la

plaine, perſonne n'y périt ; dans la ſuite, une cinquantaine de perſonnes y ſont mortes d'une maladie épidémique, cauſée par la frayeur & la grande fatigue. Je logeai dans les baraques d'un honnête Gentilhomme de *Mileto*, nommé Don *Dominique Acquanetta*, qui eſt un des principaux propriétaires de la ville. Il m'accompagna le jour ſuivant aux deux métairies appelées *Macini* & *Vaticano*, dont on m'avoit beaucoup parlé, & qu'on diſoit avoir changé de place par l'effet du tremblement de terre : le fait eſt vrai, & s'explique aiſément. Ce hameau étoit ſitué dans un vallon dominé par des collines élevées, & la ſurface de ce terrain qui a changé de place, étoit probablement minée par-deſſous depuis longtems par de petits ruiſſeaux qui coulent des montagnes, & qui ſont à préſent en pleine vue ſur le ſol nud & découvert qu'ont abandonné les deux métairies. Ces ruiſſeaux ont un cours aſſez rapide vers le bas de la vallée, pour prouver que ſon niveau n'eſt pas auſſi parfait qu'on l'avoit repréſenté. Je ſuppoſe que la commotion ayant ouvert quelques réſervoirs d'eau de pluie ren-

fermée dans les monticules de glaise qui
dominent la vallée, ces eaux entrainant
avec elles les terres détachées, & prenant
leur cours avec violence au travers de
cette surface minée, la souleverent avec
les oliviers, les meuriers, & les deux ca-
bannes couvertes de chaume; en un mot,
entrainerent cette piéce entiere de terrain
avec tous ses arbres encore debout à un
mille de là au bas de la vallée, où elle
est actuellement fixée, elle paroît avoir
environ un mille d'étendue sur un demi-
mille de largeur.

J'ai vu dans le voisinage grand nombre
de crevasses profondes; pas une cependant de plus d'un pied de largeur, excepté
celle qui, à ce qui m'a été affirmé positivement, s'étoit ouverte pendant le tremblement de terre, & avoit englouti un
bœuf & une centaine de chévres; mais
aucune créature humaine.

Dans la vallée dont j'ai parlé ci-dessus,
je trouvai en terre la même sorte de creux
de la forme d'un cône renversé, par les-
quels, à ce qu'on avoit rapporté, jaillis-
soient avec violence des jets d'eau chaude
mêlée de sable, pendant les secousses,
                                        comme

comme à *Rosarno* ; mais je n'ai trouvé
personne qui pût m'assurer positivement
que cette eau fût chaude, ainsi que le
porte la relation envoyée au Gouvernement. Le sable jetté dehors avec l'eau, a
une aparence ferrugineuse, & semble avoir
reçu quelqu'impression du feu. On me dit
aussi que ; lors de son éruption, il avoit
une forte odeur de souffre, dont je n'ai
pu trouver au reste aucun vestige (11).

D'ici je me rendis au travers de ce
beau pays à la ville de *Polistene* : c'est vraiment un triste & douloureux spectacle,
que celui d'une aussi riche contrée où
l'on ne voit plus une seule maison debout :
la place de chacune est occupée par un
monceau de décombres, & tout auprès
on voit quelque chétive baraque avec
deux ou trois figures éplorées, assises
auprès de la porte, & les chemins cou-

(11) Ce fait est très-probable, ayant été
remarqué fréquemment dans plusieurs autres
tremblemens de terre, & Pline encore le laisse
entendre (Lib. II. c. 81.) en disant : *Terræ
motu imminente aut secuto, esse in puteis tur-
bidiorem aquam nec sine odoris tædio.*

B

verts d'une multitude d'hommes, de femmes & d'enfans eftropiés, fe traînant avec peine fur des béquilles. Au lieu d'une ville, vous n'appercevez qu'un confus amas de ruines, autour defquelles font conftruites des huttes & des baraques. Une de ces baraques, plus grande que les autres, fert d'Eglife, & tout auprès vous voyez les cloches, triftes reftes de l'Eglife ruinée, fufpendues à une efpece de potence peu élevée; chaque habitant dans une morne contenance, & portant quelque trifte marque de la perte d'un de fes parens. C'eft au milieu de ce trifte théâtre de miferes, difficiles à décrire, que je voyageai quatre jours. Dans toute la plaine, la violence du tremblement de terre a été fi grande, que tous les habitans des villes ont été enfevelis dans un inftant, morts ou vivans, fous les ruines de leurs maifons. La ville de *Poliftene* étoit confidérable, mais mal-fituée, entre deux rivieres fujettes à fe déborder. D'environ fix mille habitans, deux mille & cent y ont perdu la vie à la fecouffe du 5 Février. Le Marquis *St. Giorgio*, Seigneur de ce pays, que j'ai trouvé ici, n'a pas ceffé

de fe donner les foins les plus actifs pour
fécourir fes malheureux vaffaux , pour
faire enlever les décombres qui rem-
pliffoient les rues, & conftruire des baraques dans une expofition falubre & fur
un bon plan , pour ceux de fes fujets
échappés au défaftre. Il a fait auffi conftruire des habitations plus confidérables
pour les vers-à-foie, que j'y ai déja trouvé
travaillant, à mon paffage. L'activité & la
générofité de ce Prince eft certainement
digne des plus grands éloges ; &, autant
que j'en ai pu juger, fa conduite n'a pas
eu beaucoup d'imitateurs. Je vis *St. Gior-*
gio fur une éminence à deux milles de
Poliftene : cette ville, bien que devenue
inhabitable, n'étoit pas néanmoins rafée
comme les villes de la plaine. Comme il
y avoit ici un Couvent de Religieufes,
je fus curieux de voir les Nones qui
avoient échappé. Je demandai au Marquis
de me montrer leurs baraques ; mais de
vingt-trois qui étoient dans ce monaftere,
une feule, âgée de quatre-vingt ans, en
avoit été tirée vivante. Après avoir dîné
avec le Marquis dans fon humble habi-
tation, auprès des ruines de fon magni-

fique palais, je me rendis au travers d'un très-beau bois d'oliviers & d'un de châtaigniers à *Cafal-nuovo*. On m'y montra la place où, peu de tems auparavant, étoit la maifon de mon infortunée amie la Princeffe *Gerace Grimaldi*, qui y perdit la vie avec plus de quatre mille de fes fujets, à la terrible explofion du 5 Février, qui anéantit totalement cette ville : quelques-uns de fes habitans, tirés vivans de deffous fes ruines, m'ont raconté qu'ils avoient fenti leurs maifons entiérement foulevées, fans que rien les préparât à cette terrible commotion. Dans quelques autres villes, les murs & des portions de maifons font reftés debout ; mais ici, vous ne pouvez diftinguer ni rue, ni une feule maifon ; tout eft confondu dans un amas énorme de ruines. Un habitant de *Cafal-nuovo*, me dit qu'étant, au moment du tremblement de terre, fur une des hauteurs du voifinage, & jettant les yeux fur la plaine au moment où il reffentit la fecouffe, à la place de la ville, il ne vit plus qu'un épais nuage de pouffiere blanche, reffemblant à de la fumée, effet naturel de l'effroyable écroulement

des édifices & du mortier qui s'en alloit
en poussiere.

D'ici, je continuai ma route par *Cas-
tellone* & *Misicusco*, deux villes qui ont
éprouvé le même sort que *Casal-nuovo*,
& j'arrivai à *Terra-nuova*, située dans
cette charmante plaine, entre deux rivieres, qui, jointes aux torrens qui tom-
bent des montagnes, ont creusé, par la
suite du tems, un large & profond ravin,
dans un terrain de sable mol & d'argile
qui constitue tout le sol de cette plaine.
A *Terra-nuova*, ce ravin n'a pas moins
de cinq cent pieds de profondeur sur
trois quarts de mille de largeur : le peu
de connoissance qu'on a eu de la nature
du sol, & de la situation du local, est
véritablement ce qui a jetté beaucoup de
confusion sur tous les récits des phénomènes qui ont accompagné ces tremblemens de terre : l'on dit, par exemple,
que telle ville a été jettée à un mille de
la place où elle étoit auparavant, sans
faire mention de ces ravins : que des bois
& des champs ont été déplacés de la même
maniere & transportés au loin ; tandis
qu'au vrai, ces phénomènes ne sont, en

grand, que ce que nous voyons tous les jours en petit, lorſque les bords d'un chemin creux, qui auront été minés quelque tems par les eaux de pluie, ſe détachent & ſe précipitent par leur propre poids.

Ici, la grande profondeur du ravin, jointe à la violente commotion, occaſionna un éboulement de deux énormes portions de terre, ſur leſquelles étoit bâtie une partie de la ville, conſiſtant en une centaine de maiſons qui furent détachées dans le ravin, & qui s'y fixerent en travers à demi-mille environ de la place où elles étoient; & ce qu'il y a de plus extraordinaire, c'eſt que pluſieurs habitans de ces maiſons, qui y furent ſurpris par ce ſaut ſingulier, en furent néanmoins retirés en vie, & quelques-uns ſans bleſſures. J'ai parlé moi-même à un des habitans qui avoit fait ce voyage extraordinaire dans ſa maiſon, avec ſa femme & une ſervante : il me dit que, ni lui, ni la ſervante ne furent bleſſés ; mais que ſa femme l'avoit été un peu, & qu'elle étoit à-peu-près rétablie. Je m'aviſai de lui demander quelle ſorte de contuſion elle

avoit reçue ; fa réponfe, quoique d'une
nature fort férieufe, ne manquera pas
de vous faire rire, ainfi que moi,
„ Monfieur, me dit - il avec un fang-
froid vraiment unique, elle a eu les deux
jambes & un bras rompus & une frac-
ture au crâne, par laquelle fa cervelle eft
reftée à découvert „. Il me paroît en
vérité, que les Calabrois ont plus de fer-
meté que les Napolitains, & ils m'ont
femblé fupporter leur état affreux avec
une patience & une réfignation vraiment
philofophiques. De mille fix-cent habitans de *Terra-nuova*, on n'a pu en fau-
ver que quatre cent. Mon guide, qui
étoit en même-tems Prêtre & Médecin,
avoit été lui-même enfeveli fous les ruines de fa maifon, par la premiere fecouffe
du tremblement de terre, & il en fut en
quelque forte déterré par les fecouffes
qui fuivirent immédiatement la premiere.
J'ai vu les atteftations les plus authen-
tiques du même fait dans plufieurs endroits de la Province. Dans d'autres parties de la plaine, fituées près du ravin,
& non loin de *Terra-nuova*, j'ai vu plufieurs arpens de terre, plantés d'arbres &

semés de toutes sortes de grains, qui ont
été jettés dans le ravin, & souvent sans
souffrir aucun dommage, ensorte que la
végétation s'y continuoit aussi bien que
s'ils eussent été toujours plantés & semés
dans ce lieu. D'autres portions de terre
avoient été de même poussées dans le
ravin, & y étoient dans une situation
inclinée; d'autres au contraire y étoient
arrivées sans-dessus-dessous, & ne laif-
foient voir que les racines de leurs arbres.
Dans un autre endroit, deux énormes
pieces de terre, ayant été jettées dans le
ravin des deux côtés opposés, avoient
rempli le vallon, &, par l'obstruction du
cours de la riviere, avoient produit un
grand lac : c'est à cet exposé qu'il faut
réduire ce qu'on avoit écrit au premier
moment de ces deux montagnes, qui,
s'étant rencontrées dans leur promenade,
avoient arrêté le cours de la riviere &
formé des lacs. Dans le moment du tremblement de terre, la riviere disparut ici
comme à *Rosarno*; mais, reparoissant bientôt après, elle remplit & inonda le fond
du ravin, à la hauteur d'environ trois
pieds; ensorte que les malheureux qui

venoient d'être précipités dans le gouffre avec leurs maisons, & qui avoient échappé avec les os brisés, coururent alors le risque d'être engloutis dans les eaux. On m'a assuré que l'eau étoit alors salée comme celle de la mer ; mais j'avoue que cette circonstance me paroît avoir besoin de confirmation.

La raison que j'ai donnée de la disparition soudaine de la riviere de *Metauro* à *Rosarno*, peut servir pour expliquer ici ce phénomène, ainsi que pour tous les lieux où les rivieres furent à sec au moment du tremblement de terre.

Toute la ville de *Mollochi di Sotto*, près *Terra-nuova*, a été de même détachée & portée dans le ravin, avec un vignoble qui étoit situé tout auprès, & qui est resté en bon état & dans un ordre parfait, mais un peu incliné ; on y voit actuellement un sentier qui le traverse, & qui fait un effet singulier par son contraste avec une situation inaccessible. Quelques moulins, qui étoient ci-devant sur la riviere, ayant été entraînés & arrêtés entre deux de ces énormes pieces de terre dont nous avons parlé, resterent soulevés : on les

voit actuellement fur un lieu élevé de
plufieurs pieds au-deffus du niveau de la
riviere. Quand des faits de ce genre ne
font point expliqués par les circonftances
qui les ont accompagnés, il n'eft pas étonnant qu'ils paffent pour miraculeux. J'ai
obfervé dans plufieurs parties de la plaine,
que des terrains de plufieurs arpens, plantés de gros arbres & femés en blés,
s'étoient abaiffés de huit à dix pieds au-
deffous de leur niveau ; & que d'autres
s'étoient élevés d'autant. Il eft néceffaire
de fe rappeller auffi que le terrain de la
plaine eft compofé d'une glaife mêlée de
fable, fufceptible d'être aifément détachée
& réduite en toutes fortes de formes. Dans
la plaine, près des endroits d'où les maffes
de terrain dont nous venons de parler
ont été détachées dans le ravin, il y avoit
plufieurs ouvertures ou crevaffes paral-
lèles ; enforte que fi la violence des fecouffes eût continué, ces pieces n'euffent
pas manqué de fuivre auffi ; & une obfervation que j'ai faite conftamment dans le
cours de mon voyage, c'eft que, près de
tous les ravins, ou chemins creufés, les
parties adjacentes de la plaine étoient

remplies de ces crevaſſes paralleles. Le violent balancement de la terre, ſemblable au mouvement d'un berceau qui n'a de ſupport que d'un côté, explique aſſez bien ce phénomène.

De *Terra-nuova* je me rendis à *Oppido*, ville ſituée ſur une montagne d'une eſpèce de pierre de granit, mèlée de quelques parties ferrugineuſes, très-différentes du ſol argileux des environs ; elle eſt entourée de deux rivieres, qui coulent dans un ravin plus profond & plus large encore que celui de *Terra-nuova*. La montagne ſur laquelle *Oppido* étoit bâtie, s'étoit, diſoit-on, rompue en deux parties, & par ſa chûte dans les deux rivieres en avoit arrêté le cours & formé des Lacs : j'ai reconnu ſeulement que, comme à *Terra-nuova*, de groſſes maſſes de la plaine, le long des bords du ravin, y ont été précipitées, l'ont preſque rempli, & ont arrêté le cours des rivieres dont les eaux forment à préſent de grands lacs. Il eſt vrai qu'une partie du roc, ſur lequel étoit bâti *Oppido*, s'eſt écroulé avec pluſieurs maiſons, mais cette circonſtance eſt de peu de conſéquence en comparaiſon

des grandes portions de terrain, plantées
de vignes & d'oliviers, qui ont été tranf-
portées d'un bord à l'autre du ravin, quoique diſtans de plus d'un demi mille.

Il eſt bien atteſté qu'un payſan, qui
labouroit ſon champ dans le voiſinage
avec une paire de bœufs, fut tranſporté
avec le champ & ſon train de labourage,
de l'autre côté du ravin, ſans avoir ſouffert, ni lui ni ſes bœufs, aucun dommage:
après ce que j'ai vu de mes propres yeux,
je n'ai point de peine à croire à la vérité
de ce récit ; on compoſeroit un gros volume de tous les événemens curieux & des
accidens de ce genre, produits par les
tremblemens de terre dans cette vallée :
je ſuppoſe qu'on en trouvera pluſieurs
conſignés dans la relation que l'Académie
de Naples ſe propoſe de publier ; ſon pré-
ſident ayant député 15 de ſes Membres,
avec des deſſinateurs, pour faire des deſſins
propres à donner au public une ample &
ſatisfaiſante hiſtoire de cette terrible cataſ-
trophe ; mais, à moins que ces Meſſieurs
ne faſſent la plus grande attention à la
nature du ſol & aux lieux où ſont arrivés

ces accidens, leur récit trouvera peu de créance, excepté auprès de ceux qui font profession d'aimer le merveilleux, espece de gens qui n'eft pas rare dans ce pays. Je ne puis m'empêcher de citer ici un exemple de l'affreufe mifere dans laquelle ont été plongés les habitans de cette infortunée ville : un gentilhomme de beaucoup de fortune & poffédant de grands biens de terre, nommé *Don Marcello Grillo*, s'étant fauvé de fa maifon d'*Oppido*, renverfée par le tremblement de terre, & tout fon argent [montant à plus de 12,000 pieces d'or] ayant été enféveli fous fes ruines, il refta plufieurs jours fans nourriture & fans abri, par une pluie affreufe, au bout defquels il eut le bonheur de trouver à emprunter une méchante fouquenille d'un hermite du voifinage. Après avoir parcouru les ruines d'*Oppido*, je defcendis dans le ravin pour tout examiner avec foin.

C'eft ici que j'ai vu vraiment les marques de la terrible force du tremblement de terre, dont les effets ont été exactement les mêmes qu'à *Terranuova*, mais dans un degré infiniment plus grand. Ici, vous voyez les énormes maſſes détachées de la plaine de chaque côté du ravin, confondues en un monceau, arrêtées & devenues une vraie montagne, qui, obſtruant le cours des rivieres, dont une eſt très-conſidérable, a déjà formé de grands lacs; enſorte que ſi la nature ou l'art n'y ſupplée, & ne procure à ces rivieres leur écoulement primitif, tout le pays d'alentour eſt menacé d'une contagion inévitable. D'ailleurs, vous voyez ces fragmens détachés de la plaine, de pluſieurs arpens d'étendue, couverts d'une ſuperbe moiſſon de toutes ſortes de graines & de légumes, de chênes magnifiques, d'oliviers & d'autres arbres plantés en lignes, & qui croiſſent auſſi bien, & dans un auſſi bel ordre au fond de ces ravins que leurs anciens compagnons, dont ils ont été ſi triſtement ſéparés, ne le font ſur leur ſol natal, 500 pieds plus haut, & à la diſtance d'environ trois quarts de mille. Je vis auſſi un beau vignoble en très-bon ordre, qui avoit fait le même ſaut : comme les bords du ravin ſont actuellement nuds & coupés à pic perpendiculairement, j'obſervai facilement que la partie ſupérieure du ſol

étoit une terre rougeâtre, & l'inférieure
une forte de glaife blanche & fablonneufe,
très-compacte & reffemblant à une pierre
molle. L'impulfion que ces grandes maffes de matiere ont reçue, foit de la violente fecouffe de la terre feule, foit qu'elle
fût augmentée par celle des exhalaifons
volcaniques, mifes en liberté, femble
avoir agi avec plus de force fur ces parties
inférieures & compactes, que fur la croûte
fupérieure & cultivée des terres ; car j'ai
conftamment obfervé, par-tout où l'on
trouve de ces morceaux ifolés de terre,
cultivés & précipités au fond du ravin,
que les couches inférieures, compofées
d'une glaife compacte, ont été lancées à
quelques centaines de braffes plus loin que
les autres terres, & confufément entaffées
en blocs, dont plufieurs, comme je l'ai
déjà obfervé, font de forme cubique. Le
terrain inférieur ayant reçu une beaucoup
plus forte impulfion, a été féparé de celui
de deffus dans fa courfe, ce qui explique
naturellement le bon état & l'ordre dans
lequel font reftées les plantations tranf-
portées au fond du ravin. J'ai penfé que
ce fait curieux méritoit d'être rapporté,

quoiqu'impossible à décrire parfaitement.
·´ Lorsque les deffins de l'Académie pa-
roîtront, ces détails, tout imparfaits qu'ils
font, auront leur degré d'utilité ; & fi le
tems me l'eût permis, j'aurois certainement pris un deffinateur en Calabre pour
remplir ce double but. On trouve dans
une autre partie du ravin une montagne
compofée de cette même terre glaifeufe,
qui eft probablement une partie détachée
de la plaine par quelque tremblement de
terre, dans une période plus reculée. Elle
a environ 250 pieds de haut fur 100 de
diamètre à fa bafe : il eft bien attefté que
·cette montagne a été entraînée au bas du
ravin l'efpace de quatre milles, ayant été
mife en mouvement par la fecouffe du 5
Février. L'abondance de pluie qui tomba,
en même tems que de nouvelles pieces de
terrain fe détacherent de la plaine, & que
j'ai vues adoffées à la montagne, la nature
du fol dont elle eft compofée, & particuliérement fa pofition inclinée, donnent
l'explication de ce phénomène, explication fans laquelle le rapport qu'on reçut
à *Naples* d'une montagne qui avoit fait un
faut de quatre milles dans une plaine par-

faite, feroit un véritable prodige. Je trouvai quelques arbres ifolés, reftés debout
au bas du ravin, avec une motte de la
terre de leur fol natif autour de leurs racines, qui y avoient été jettés de la plaine
voifine. Je vis auffi plufieurs morceaux
de terres éboulées, qui, s'étant détachés
de chaque côté du ravin, & ayant probablement été entraînés par les fortes
pluies, reffembloient à une lave volcanique, qui prenoit fon cours le long & en
bas du ravin, à une très-grande diftance.
On a vu le même phénomène à *Santa-
Chriftina*, dans le voifinage d'*Oppido*, &
c'eft entre cette ville, *Casal-nuovo* & *Terra-
nuova* que le tremblement du 5 Février
femble s'être exercé avec plus de furie.
Les phénomènes, produits par les commotions de la terre dans les autres parties de
la Calabre Ultérieure où il y a des plaines,
font fans doute de la même nature, mais
ils ne font que des jeux comparés à ceux
que je viens de décrire. Les baraques, conftruites pour le refte des infortunés habitans de l'ancienne ville d'*Oppido*, actuellement rüinée, font dans une expofition
falubre, à la diftance d'environ un mille

de l'ancienne ville. J'y trouvai le Seigneur du pays, le *Prince Cariati*, s'empreſſant à donner du ſecours à ſes malheureux ſujets. Il me montra deux jeunes filles, l'une d'environ ſeize ans, qui étoit reſtée onze jours ſous les ruines d'une maiſon à *Oppido*, ſans la moindre nourriture : elle avoit un enfant de cinq ou ſix mois dans ſes bras qui périt le quatriéme jour. Cette jeune fille me fit un récit circonſtancié de ſes ſouffrances : comme elle recevoit du jour dans cette affreuſe priſon par une petite ouverture, elle a pu tenir un compte exact des jours qu'elle y a été enſevelie [12]. Sa ſanté ne m'en a pas paru autre-

---

(12) Un jeûne auſſi long, qu'on peut appeler une diète de onze jours, chez une perſonne d'un âge auſſi tendre, & par conſéquent peu propre par nature à ſupporter cette abſtinence, dans une attitude auſſi peinée, oppreſſée par la peur, avec un cadavre entre les bras, qui devoit être bien corrompu dans l'eſpace de ſept jours, & que cette jeune fille ait échappé vivante à de pareilles horreurs, ce fait, dis-je, paroîtra ſans doute une fable à beaucoup de gens. Néanmoins, il n'eſt pas incroyable, & nous liſons dans l'Hiſtoire de la Médecine plument affectée ; elle boit aisément, mais elle éprouve encore quelque difficulté à avaler des solides. L'autre enfant, d'environ onze ans, n'étoit restée que six jours

---

sieurs exemples d'un jeûne encore plus long. Nous ne connoissons qu'imparfaitement les loix de l'économie animale & les immenses ressources de la nature ; aussi la rareté d'un fait ne me paroît-elle pas une raison suffisante pour le nier ; & comme la sagacité & les grandes lumieres de M. le Chevalier Hamilton sont connues de tout le monde, il y a quelque raison de croire qu'il n'aura négligé aucun moyen de s'assurer de celui-ci, d'autant mieux qu'il étoit prévenu, & qu'il connoissoit par lui-même le goût de cette nation pour le prodige & le merveilleux. Parmi les effets d'une longue diète, je trouve seulement énumerée ici d'une part la soif ardente, une déglutition difficile, & de l'autre le dégoût de la nourriture solide, & la maigreur accompagnée d'une grande foiblesse. On trouve néanmoins consignés dans les écrits des Médecins d'autres effets de la faim, & entr'autres la perte de la vue ; cas que j'ai moi-même observé sur une Dame, qui, pour avoir avalé une grosse arrête de poisson, ne pouvant plus prendre aucun aliment, ni même de boisson, perdit totalement la vue au bout de cinq jours, & mourut au bout de huit. Ceci me

sous les ruines, mais dans un espace si étroit, dans une posture si gênée & si douloureuse, qu'une de ses mains pressant contre sa joue l'avoit presque transpercée.

D'*Oppido* je poursuivis ma route par ce beau pays, au travers de toutes ces villes & villages ruinés, jusqu'à *Seminara* & à *Palmi*. Les maisons de cette premiere ville ne sont pas aussi complettement détruites que celles de *Palmi*, dont la situation est plus basse & plus près de la mer : 1400 personnes y ont perdu la vie, & leurs cadavres sont encore en place, sans sépulture, ainsi que dans plusieurs autres endroits que j'ai parcourus. J'en vis enlever deux pendant mon séjour, & je n'oublierai jamais la sombre & attendrissante figure

---

rappelle que le divin Dante, très-versé dans la médecine, attribue le même effet de la faim à l'infortuné Comte Ugolino.

> *Ond' i' mi diedi*
> *Gia cieco a brancolar sovra ciascuno*
> *E tre dì gli chiamai poi chè fur morti*
> *Poscia più che 'l dolor pote 'l digiuno.*
>
> **Inferno Canto. 33. v. 72.**

d'une femme en habit de deuil , que je
vis triſtement aſſiſe ſur les ruines de ſa
maiſon , ſoutenant à peine de ſes foibles
mains ſa tête panchée ſur ſes genoux, &
ſuivant d'un œil où la douleur & l'inquié-
tude étoient également peintes , tous les
coups de la pioche d'un laboureur qu'elle
employoit à enlever des décombres , dans
la triſte eſpérance de découvrir le corps
d'un enfant chéri.

· On faiſoit dans cette ville un grand
commerce d'huile. On compte qu'il y en
avoit environ 4000 tonneaux lors de ſa
deſtruction ; enſorte que les tonneaux &
les jarres étant briſés , répandirent une
riviere d'huile , qui ſe jetta dans la
mer , & qui coula pendant plùſieurs heures ; cette huile répandue & mêlée avec
les grains échappés des magaſins & les
cadavres corrompus , ont cauſé une très-
ſenſible altération dans l'air , dont il eſt
fort à craindre que le reſte des infortunés
habitans de *Palmi* , qui vivent dans des
baraques auprès de leur ville abîmée , ne
reſſentent de funeſtes effets par l'accroiſ-
ſement actuel des chaleurs. Mon guide
m'a aſſuré qu'il avoit été enſeveli ici ſous

les ruines de sa maison par la premiere
secousse du tremblement de terre ; & qu'a-
près la seconde, qui lui succéda immédiatement, il avoit été jetté en l'air à la hauteur
de plus de quinze pieds, à califourchon sur
une poutre. On m'a cité plusieurs exemples de délivrance aussi extraordinaires ,
qui ont eu lieu dans toutes les parties de
la plaine, car c'est-là que le tremblement
de terre a exercé sa plus grande force.

De *Palmi* je continuai ma route au-
travers des montagnes de *Bagnara* & *Solano*, qui sont couvertes de superbes forêts de chênes & d'autres arbres de haute
futaye, qui croissent sur le roc à une très-
grande hauteur. Cette route n'est pas
moins périlleuse à cause des précipices qui
la bordent, que par les brigands dont elle
est infestée ; ce qui obligea mes deux gardes à se séparer pour faire mon avant &
mon arriere-garde. Ce chemin étroit étoit
souvent coupé par des portions de rochers
& de gros arbres , qui avoient été détachés des montagnes pendant les tremblemens de terre , & qui nous forçoient à
nous en frayer de nouveaux, ce qui ne
se faisoit pas sans courir de grands dan-

gers ; il eft vrai que les chevaux de la
Calabre ont le pied auffi sûr, & ont autant d'habitude de ces chemins efcarpés
que les chèvres mêmes.

Au milieu d'un de ces pas dangereux,
nous reffentîmes une violente fecouffe de
tremblement de terre, accompagnée d'un
bruit femblable à celui d'une mine qui
faute en l'air; nous nous attendions d'un
moment à l'autre à être écrafés par la
chûte de quelques - uns des rochers, ou
de ces gros arbres détachés de ces montagnes & qui pendoient fur nos têtes, mais
nous en fûmes heureufement quittes fans
autre mal que la peur.

Après avoir paffé les forêts de *Bagnara*,
de *Sinopoli* & de *Solano*, je traverfai de
riches plaines femées de bled, agréablement entourées de bois, de bofquets &
de toutes fortes d'arbres, répandus çà &
là, avec variété, comme dans nos plus
beaux parcs; cette agréable route continue
pendant plufieurs milles, jufqu'à ce qu'on
gagne le haut d'une petite plaine décou-
verte, fituée fur une colline, d'où l'on
découvre en plein le *Phare de Meffine*,
toute la côte de *Sicile* jufqu'à *Catanea*, &,

derriere, le mont Etna élevant fiérement
fa tête & terminant le tableau ; ce qui
forme la plus belle vue & le plus magnifi-
que fpectacle qu'on puiſſe imaginer. De là,
je deſcendis par un affreux ſentier, entre
des rochers, juſques à la *Tour del Pozzolo*,
où l'on trouve une maiſon de campagne &
un village, appartenant à la Princeſſe de
Bagnara : j'y trouvai les habitans déjà atta-
qués d'une cruelle épidémie, qui menace
probablement toute cette belle & malheu-
reuſe contrée, à meſure que les chaleurs
augmentoient : c'eſt l'effet néceſſaire des
malheurs qu'ils ont ſouffert, & de la cor-
ruption de l'air, produite par les lacs qui
ſe font formés dans le pays. Pluſieurs pêcheurs m'ont aſſuré que, pendant le tremblement de terre de la nuit du 5 Février,
le ſable près de la mer étoit chaud, &
qu'ils y avoient vu des flammes ſortir de
là terre en pluſieurs endroits. Cette ob-
ſervation m'a été répétée dans pluſieurs
autres parties de la plaine, ce qui me fait
naître l'opinion que les exhalaiſons qui
s'échappoient de terre, pendant ces violentes commotions, étoient impregnées
d'un feu électrique, ainſi que la fumée
des

des volcans pendant leurs violentes éruptions ; car, dans tout le cours de mon voyage, je n'ai trouvé aucune marque ni veſtige des matieres volcaniques, échappées par les crevaſſes de la terre, & je ſuis convaincu que tout le dommage n'a été cauſé que par les exhalaiſons & les vapeurs qui en ſortirent alors. La premiere ſecouſſe ſentie ici fut horiſontale, puis *tourbillonnante* & d'une violence extrème ; mais je me ſuis apperçu que ce qu'ils appeloient ici *violent* n'étoit rien en comparaiſon de ce qui a été ſenti dans la plaine du côté de *Caſal-nuovo*, *Poliſtene*, *Palmi*, *Terra-nuova*, *Oppido*, &c. où tous les habitans s'accordent à dire que la ſecouſſe affreuſe du 5 Février fut inſtantanée, partant du fond de la terre à ſa ſurface, & que rien ne l'avoit annoncée. D'ailleurs, la mortalité a été ſi grande dans toutes ces villes, qui ne ſont plus que d'énormes monceaux de ruines, ſans qu'on y puiſſe diſtinguer aucune trace de rues ni de maiſons, qu'il n'y a pas lieu de douter que la commotion n'y ait été infiniment plus violente que dans cette partie.

C

. D'ici à *Reggio* la route eſt bordée des deux côtés de maiſons de plaiſance & de bois d'orangers ; je n'y ai pas vu une ſeule maiſon entiérement raſée, mais preſ. que toutes ont ſouffert quelque domma-ge & ſont abandonnées. Leurs habitans ſe ſont preſque tous retirés dans des hutes fabriquées à la hâte dans ces charmans boſquets d'orangers, de figuiers & de meuriers des environs de *Reggio.* Je viſitai un de ces jardins naturels, qui paſſe pour le plus riche de toute cette partie de la Grande Grèce, à environ un mille & demi de *Reggio,* & qui appartient (ce qui mérite d'être remarqué en paſſant) à un gentilhomme de ce pays, dont le nom de baptême eſt *Agamemnon.* On ne ſauroit vanter aſſez la beauté des *Agrume*, nom général qu'on donne ici à tous les arbres qui portent des oranges, citrons, limons, cédras ou bergamotes. Le ſol ſa-blonneux, la chaleur de l'expoſition, la commodité d'un ruiſſeau limpide dont on diſtribue à plaiſir les eaux par de petites rigoles autour du pied des arbres ; c'eſt à tous ces avantages réunis qu'ils doivent leur ſurprenante beauté, auſſi bien que l'abondance de leurs fruits.

Le Seigneur *Agamemnon* m'affura qu'il regardoit comme une mauvaife année celle où il ne recueilloit pas dans fon jardin, qui n'eft pas d'une grande étendue, 170,000 limons, 200,000 oranges, que je trouvai auffi bonnes que celles de *Malte*, & fuffifamment de bergamotes pour faire 200 quarterons d'effence de leurs écorces. Une autre fingularité particuliere à ces jardins, eft que les figuiers y donnent deux récoltes par an, favoir, la premiere en Juin, la feconde en Août. Mais, pour rentrer dans mon fujet, dont j'ai été fouvent écarté par l'incroyable beauté & la fertilité de cette riche Province, j'arrivai au foleil couchant à *Reggio*, que je trouvai moins endommagée que je ne l'attendois, quoiqu'aucune de fes maifons ne fût habitable ou du moins habitée, tout le peuple s'étant réfugié dans des baraques ou fous des tentes : mais, après avoir paffé plufieurs jours dans la plaine, où tout étoit généralement renverfé, une maifon avec fon toît, une églife avec fon clocher étoient pour moi des objets auffi agréables que nouveaux. Les habitans de toute cette contrée ont été si cruellement affligés par les effets du tremblement de terre, & paroiſſent avoir une ſi grande frayeur de retourner dans leurs maiſons, que je ſuis perſuadé, qu'après même que les ſecouſſes en auront totalement ceſſé, la plupart d'entr'eux continueront à vivre dans les baraques, & en prendront l'habitude. Elles ſont ici comme dans le reſte de la plaine, à l'exception de quelques-unes où l'on trouve même de l'élégance, mal conſtruites, comme le ſont en général toutes celles près des villes qui ont peu ſouffert, & dont les habitans conſervent l'eſpérance de reprendre poſſeſſion, quand ce fléau aura pris fin.

Reggio, quoique bien maltraitée, n'eſt cependant rien moïns que détruite. Son Archevêque, Prélat humain, actif & compâtiſſant, s'eſt diſtingué dès le commencement du tremblement de terre, par ſon zèle & ſa bienfaiſance. Il a ſur-le-champ diſpoſé des ornemens ſuperflus de toutes les Egliſes, & vendu ſes meubles & ſes équipages pour le ſoulagement de ſon infortuné troupeau, avec qui il partage courageuſement les inconvéniens

& la détreſſe cauſés par ce terrible événement : ce généreux exemple eſt d'autant plus remarquable, que, ſi l'on en excepte un très - petit nombre d'autres, je n'ai trouvé dans tout le cours de mon voyage qu'une indolence, une inactivité & un découragement d'autant plus malheureux, que ce n'eſt que par une diſpoſition directement oppoſée, qu'on peut eſpérer de remédier à la calamité générale. Mais, comme le Gouvernement eſt infatigable dans ſes efforts à réparer les malheurs actuels, & à prévenir ceux qui pourroient ſurvenir, il eſt à eſpérer que ſes ſages & généreuſes diſpoſitions ne tarderont pas à rendre à ce peuple l'énergie dont il a beſoin, & ſans laquelle une des plus belles & des plus riches provinces de l'Europe ſeroit en danger d'être bientôt complettement ruinée. Les ſoies, l'eſſence de bergamotte, les oranges, & les limons ſont les principaux objets du commerce de *Reggio* : on exporte plus de 100,000 quarterons par année de cette ſeule eſſence de bergamotte. Après avoir ôté l'écorce de ce fruit, on le donne aux vaches & aux bœufs qui le mangent avec plaiſir.

Les habitans m'ont affuré, qu'au tems de cette récolte, la chair de bœuf en contractoit une faveur & une odeur de bergamotte auffi forte que défagréable.

Ce digne Archevêque me raconta ce qui s'étoit paffé lors des tremblemens de terre arrivés ici en 1770 & 1780, qui obligerent les habitans de *Reggio*, (au nombre de 16400) à décamper & à s'établir, pendant plufieurs mois, dans des baraques, quoique la ville n'eût pas néanmoins éprouvé de grands dommages. Les gens de ce pays-ci, qui doivent avoir une grande expérience de ce fléau, m'ont affuré que les animaux & les oifeaux font tous, quoiqu'en degrés différens, infiniment plus fenfibles à l'approche des tremblemens de terre qu'aucune créature humaine ; mais que les oies, par deffus tous les autres animaux, en étoient plus promtement averties & plus allarmées ; & que fi, à l'approche d'une fecouffe, elles fe trouvent dans l'eau, elles en fortent incontinent, & qu'aucun moyen ne peut les obliger à y retourner de quelque tems.

Le nombre des morts correfpond affez bien à l'état du dommage apparent des

édifices, & n'excede pas 126· Comme la
fecouffe du 5 Février y fut fentie en plein
jour, & ne furvint pas tout-à-coup, les
habitans de *Reggio* eurent le tems de prendre la fuite ; au lieu que dans la plaine,
comme je l'ai dit plus haut, la commotion ayant été auffi inftantanée que violente & deftructive, la mortalité y fut
générale, & proportionnée aux marques
apparentes de ruine & d'écroulement total
des édifices & des villes. *Reggio* avoit été
déjà détruite avant la guerre des *Marfes*,
& ayant été rebâtie par *Jules-Céfar*, elle
fut nommée *Reggio-Julio*. On voit encore
une partie de fes anciens murs & une tour
appelée *Torre-Julia*, qui eft bâtie de pierres d'une groffeur énorme, fans mortier
ni ciment.

Sur la route d'ici au Cap *Spartivento*,
près d'un bourg nommé *San-Perfeto*, on
trouve les reftes d'une fonderie qui y fut
établie par Sa Majefté Catholique actuelle,
alors fur le trône de Naples, lorfqu'elle
faifoit exploiter des mines d'argent dans
les montagnes du voifinage ; mais elles
furent bientôt abandonnées, vu que les
dépenfes qu'elles néceffitoient excédoient

les bénéfices. Il y a quelques villes dans le voifiuage de *Reggio*, qui ont confervé la langue Grecque. Lorfque je fis, il y a environ quinze ans, le tour de la Sicile, je pris terre à *Spartivento*, dans la Calabre ultérieure. Je paffai à *Bova*, où je trouvai que le Grec étoit le feul langage en ufage dans ce diftrict.

Ce fut le quatorze Mai que je quittai *Reggio*, & je fus obligé, par les vents contraires, de faire remorquer mes deux felouques par des bœufs jufqu'à la pointe *del Pezzoto*, oppofée à *Meffine*, d'où le courant nous porta avec une grande viteffe jufques dans le port de *Meffine*. Le port & la ville, à demi-ruinée, & vue au clair de lune, formoient un fpectacle frappant, & vraiment pittorefque : un fait certain, c'eft que la force du tremblement de terre, quoique violente, a été bien peu confidérable à *Meffine* & à *Reggio*, en comparaifon de la plaine dont j'ai fait mention, dans la Calabre ultérieure.

Le lendemain de mon arrivée à *Meffine*, j'allai vifiter l'intérieur de la ville : je trouvai que la façade des magnifiques bâtimens

appelés la *Pallazzata* , qui s'étendoient
d'une maniere majestueuse & réguliere en
forme de croissant autour du Port, étoit
totalement ruinée en quelques parties, &
moins en d'autres. Je vis aussi d'énormes
crevasses dans quelques endroits du Quai,
dont une partie même s'est enfoncée à
plus d'un pied au-dessous du niveau de la
mer. Ces fentes ont été vraisemblablement
l'effet d'une commotion horisontale, ainsi
que ces portions de terrain de la plaine,
détachées & précipitées dans les ravins
à *Oppido* & à *Terra-nuova* ; car la mer,
le long de la jettée du Quai, est si pro-
fonde, que les plus gros navires peuvent
y aborder : en sorte que la terre, dans sa
violente commotion, manquant de sup-
port du côté de la mer, dût commencer
à se fendre & à se sépa-rer ; & comme
où l'on voit une de ces crevasses, on en
trouve généralement d'autres moins con-
sidérables en lignes paralleles à la premiere, il est à présumer que le grand dommage qu'ont souffert les édifices voisins
des Quais, doit être absolument attribué
à de pareilles crevasses dans les parties
souterraines de leurs fondemens. Quan-

tité de maisons sont encore debout, & quelques-unes peu endommagées, même dans les parties basses de la ville. Mais le tremblement de terre m'a paru ne s'être presque point fait sentir dans les parties élevées, ainsi que je l'ai observé en plus d'une occasion. Une preuve certaine qu'il a été ressenti à *Messine* avec beaucoup moins de violence que dans les plaines de la *Calabre*, c'est qu'au couvent de *Santa-Barbara*, non plus qu'à celui appelé *le Noviciat des Jésuites*, tous deux situés sur la colline, on n'apperçoit pas la moindre fente ni crevasse, & que l'horloge de ce dernier n'a pas éprouvé le plus petit dérangement dans les tremblemens de terre qui ont désolé ce pays pendant l'espace de quatre mois, & dont on continue encore à ressentir quelques commotions.

D'ailleurs, le nombre de ceux qui ont perdu la vie à *Messine*, n'excede pas sept cent, sur trente mille habitans qu'on supposoit à cette ville au tems du premier tremblement de terre; ce qui me paroît une circonstance concluante en faveur de ce raisonnement.

J'ai trouvé quelques maisons habitées,

& même une ou deux rues, avec plufieurs
boutiques ouvertes ; néanmoins la géné-
ralité des habitans s'eft réfugiée dans des
tentes & dans des baraques, diftribuées en
trois ou quatre différens quartiers dans la
campàgne auprès de la ville, mais aſſez
diſtantes les unes des autres pour rendre
tout commerce fort incommode ; & ſi
l'on ne prend un ſoin particulier de tenir
ces eſpeces de rues, & les baraques même
fort propres, je crains bien que l'infortunée *Meſſine* ne ſoit condamnée à ſubir
le nouveau fléau de quelqu'épidémie
pendant les chaleurs de l'été.

Plufieurs parties de la plaine de la *Calabre*
ſont dans cette alarmante ſituation, cauſée particuliérement par ces lacs dont j'ai
déjà parlé, qui s'y forment par l'obſtruc-
tion des rivieres, & dont j'ai vu les eaux
déjà vertes & tendantes à la putréfaction.
Je ne puis m'empêcher de remarquer ici
en paſſant, que les religieuſes qui vivent
auſſi dans ces baraques, ſe promenent
continuellement dans les environs,
ſous la garde & protection de leurs con-
feſſeurs. Elles m'ont paru aſſez gaies, &
prendre fort aiſément leur parti de la

C vj

liberté que leur a procuré l'abandon forcé de leur Couvent. J'avois fait la même observation à l'égard des Ecoliers à *Reggio* ; enforte que, fur un petit journal que j'écrivois à la hâte, & duquel j'ai tranfcrit de même le récit imparfait que je vous envoie, je fis cette remarque : *trem-blemens de terre particuliérement favorables aux Religieufes & aux Ecoliers.*

Plufieurs perfonnes m'ont affuré que, pendant les commotions, on voyoit fortir des flammes par les crevaffes qu'on trouve fur les Quais ; mais je n'en ai apperçu aucun figne vifible, & fuis perfuadé que ces flammes n'étoient autre chofe, ainfi qu'en *Calabre*, qu'une vapeur chargée de matieres électriques, ou d'une forte d'air inflammable. Un fait curieux, arrivé ici, fert bien encore à prouver combien les animaux peuvent vivre long-tems fans nourriture : Deux *mules* appartenant au Duc de *Belvifo*, enfevelies fous un monceau de ruines, en furent retirées, l'une au bout de vingt-deux jours, l'autre au bout de vingt-trois. Elles ne voulurent pas manger de quelques jours ; mais elles burent abondamment, & font actuellement très-bien rétablies. On cite un nombre infini d'exemples de chiens qui font restés plusieurs jours dans la même situation ; & celui d'une poule , appartenant au Consul Anglais à *Messine*, étroitement renfermée sous les ruines de sa maison pendant vingt-deux jours. Elle ne fit que boire les premiers jours de sa délivrance , sans rien manger ; elle étoit fort amaigrie , & donna d'abord peu de signes de vie ; mais elle est actuellement en parfaite santé.

De ces exemples, & de ceux rapportés plus haut, des deux jeunes filles d'*Oppido*, & des cochons de *Sorimo*, ainsi que de plusieurs autres de ce genre qui m'ont été racontés, & qu'il est inutile d'accumuler ici, on peut inférer qu'un long jeûne est toujours accompagné, chez les animaux, d'une soif ardente, & de la perte complette de l'appetit.

D'après toutes mes recherches, j'ai été porté à conclurre, que la grande commotion du 5 Février fut sentie du centre à la surface de la terre, & non point comme celles qui ont suivi, qui ont été généralement horizontales & tourbillonnantes. Une circonftance digne d'attention, & qui a été remarquée fur toute la partie de la côte de *Calabre* la plus affectée par le tremblement, eft, qu'un petit poiffon, appelé *Cicirelli*, reffemblant à celui que nous appelons en Angleterre *White-bait*, mais un peu plus gros, qui fe tient ordinairement enfeveli dans le fable au fond de la mer, fe voit, depuis le premier tremblement de terre, à la furface de l'eau, & s'y laiffe prendre aifément en telle abondance, que ce poiffon, qui étoit regardé ci-devant comme une des plus grandes friandifes, eft devenu la nourriture commune de la claffe la plus pauvre du peuple. Tous les poiffons en général ont été plus abondans; & d'une pêche plus facile depuis cette fatale époque; c'eft ce que m'ont confirmé tous les pêcheurs de ces côtes que j'ai queftionné là-deffus; & leur réponfe a toujours été fi amphatique, qu'il faut que le fait ait été vraiment extraordinaire. Je fuppofe que la chaleur du fable au fond de la mer, occafionnée par les feux fouterrains des volcans, ou que la commotion continuelle du fond, fait fortir le poiffon de fes retraites, à-peu-près comme le pêcheur à

la ligne quand il manque de vers pour fon
hameçon, en fait fortir du gazon qui
borde les rivieres, en le foulant fortement
aux pieds ; ce qui ne manque jamais d'a-
voir fon effet, ce dont j'ai fait fouvent
l'expérience.

La Citadelle m'a paru n'avoir reçu
aucun dommage, & telle que je l'avois
laiffée il y a quinze ans. Le Lazaret a quelques crevaffes dans fon intérieur, comme
celles des Quais, provenant de la même
caufe. Le Port n'a point fouffert de dommage. L'officier qui commandoit la for-
tereffe, & qui y étoit lors de la fatale
fecouffe du 5 Février, m'a affuré que, ce
jour-là & les trois fuivans, la mer étoit
élevée & bouillonnoit d'une maniere
extraordinaire, avec un bruit horrible &
effrayant, tandis que les eaux des autres
parties du Phare refterent parfaitement
calmes & tranquilles. Ce phénomène me
paroît affez bien expliqué, au moyen des
exhalaifons, ou éruptions faites par les
crevaffes au fond de la mer pendant la
violence du tremblement de terre, & qui
toutes, felon moi, tirent leur origine des
volcans fouterrains.

Je quittai, le 17 Mai, *Messine*, où je
fus traité avec toute l'hospitalité & toute la
politesse possible, & continuai ma navi-
gation dans ma *spéronere* le long de la
côte de Sicile jusqu'à l'entrée du Phare,
où je pris terre. J'y rencontrai un Prêtre
qui s'y étoit trouvé présent la nuit du
5 au 6 Février, lorsqu'une grande vague
s'élevant sur cette pointe avoit entraîné
les bâteaux, vingt-quatre malheureux
habitans, arraché les arbres, & laissé, en
se retirant, quelques quintaux de pois-
sons à sec sur le rivage. Il me raconta que
lui-même fut couvert par la vague, &
que ce ne fut qu'avec beaucoup de peine
qu'il échappa. Il m'avoit d'abord dit que
l'eau étoit chaude ; mais comme j'étois
fort curieux de savoir la vérité d'un fait
d'où je pouvois tirer de grandes consé-
quences, je le priai de me dire s'il en
étoit bien sûr; & comme je le pressois
beaucoup, il me confia qu'il n'étoit pas
assuré qu'elle l'eût été davantage qu'elle
ne l'est communément en été. Il me dit
que les flots s'élevoient à une très-grande
hauteur, & se succédoient avec un bruit
épouvantable, & une telle rapidité, qu'il

étoit impoſſible d'échapper par la fuite.
La Tour de la Pointe fut à moitié détruite,
& le pauvre Prêtre qui étoit alors dedans
y perdit la vie.

D'ici, traverſant le Phare, je me rendis
à *Scilla*, où je rencontrai mon ami le P. *Mi-
naſi*, Dominicain , digne homme & bon
naturaliſte, natif de cette ville, employé
actuellement par l'Académie de Naples à
donner une deſcription des phénomènes
qui ont accompagné le tremblement de
terre dans cette partie ; avec ſon aſſiſtance,
& étant ſur les lieux , je compris parfaitement la nature de cette redoutable vague,
qu'on diſoit avoir été bouillante, & dont
le Prince de *Scilla* lui-même, avec deux
mille cinq cent de ſes ſujets infortunés,
ont été les victimes. Voici le détail de ce
fatal événement :

Ce Prince ayant remarqué que, pendant
la premiere ſecouſſe du 5 Février, une
portion du rocher près de *Scilla* s'étoit
écroulée dans la mer, & craignant que
le roc ſur lequel la Ville & ſon Château
ſont bâtis n'éprouvaſſent le même ſort,
crut plus ſûr de faire préparer des bateaux,
& de ſe retirer dans une eſpece de petit

port environné de roche, au pied de la montagne. La feconde fecouffe du tremblement de terre, qui fe fit fentir après minuit, détacha une montagne entiere, beaucoup plus haute que celle de *Scilla*, en partie calcaire, en partie crétacée, fituée entre la Tour *del Cavallo* & le roc de *Scilla*.

Cette montagne, tombant avec violence dans la mer [alors parfaitement calme], éleva cette terrible vague, qui fut fe brifer, comme je l'ai décrit ci-deffus, contre cette langue de terre appelée *Pointe du Phare* en Sicile, & qui, retournant avec autant de furie que de célérité, directement fur la baye où le Prince & les infortunés habitans de *Scilla* s'étoient réfugiés, les brifa dans leurs batteaux, avec leurs effets les plus précieux, contre les rochers, ou les entraîna dans la mer : ceux qui avoient échappé à la fureur de la premiere vague furent emportés par celles qui lui fuccéderent immédiatement, quoique moins confidérables.

J'ai parlé à plufieurs hommes, femmes & enfans qui avoient été cruellement eftropiés, & dont quelques-uns avoient

été entraînés dans la mer : ici, me difoit
l'un, j'ai eu la tête enfoncée au travers
de cette porte de cave [qu'il me montroit
en effet brifée] ; ici, me dit un autre,
j'ai été lancé & introduit dans ce tonneau ;
ailleurs, une femme voulut me montrer
fon enfant tout meurtri & couvert de
profondes bleffures, caufées par des pierres
chariées par les ondes & par des pieces
de bois qui flottoient dans ce port refferré ; mais tous m'affurerent n'avoir pas
fenti la moindre chaleur dans l'eau ; quoique j'ofe affurer, Monfieur, que vous
lirez plufieurs relations qui atteftent cette
circonftance , celle de plufieurs corps
morts, jettés fur le bord avec toutes les
apparences d'y avoir bouilli, & de plufieurs perfonnes vivantes qui n'auront
pas manqué d'être à-demi brûlées par
cette onde bouillonnante ; tant il eft vrai,
que rien n'eft plus difficile que de parvenir
à s'affurer de la vérité : car fi je me fuffe
contenté de la premiere réponfe du Prêtre,
à la pointe du *Phare*, & que je l'euffe
couchée fur mon journal, qui eût douté
que l'eau de cette vague ne fût vraiment
chaude & bouillante ? A préfent que nous

fommes bien au fait de la caufe & des circonftances de cette vague fatale, nous voyons qu'il n'eft pas poffible qu'elle fût d'eau chaude, & le témoignage d'une fi grande quantité de ces malheureux, qui en furent couverts, me paroît parfaitement décifif.

On m'a conté ici un fait vraiment bien étonnant, & qui eft attefté de tout le monde ; une femme de *Scilla*, groffe de 4 mois, ayant été entrainée & plongée dans la mer par les flots, en fut retirée vivante au bout de neuf heures de tems, flottant fur le dos, à une grande diftance ; elle eft actuellement bien portante, & a accouché heureufement ; je n'aurois pas manqué de voir cette femme extraordinaire, fi je l'euffe pu, mais elle étoit retournée à la campagne dans l'intérieur du pays : les habitans me dirent qu'elle étoit accoutumée à nager, comme la plûpart des femmes de cette partie de la *Calabre* ; fon angoiffe & fes fouffrances étoient néanmoins parvenues à un tel degré, qu'au moment où le bateau qui la délivra fut à fa portée, elle faifoit des efforts pour fe plonger la tête dans l'eau, & mettre ainfi fin à fa miférable exiftence. Le pere *Minati* me raconta

un autre événement fingulier, arrivé dans
le voifinage, & dont il connoiffoit parfaitement l'authenticité : une jeune fille
de 18 ans ayant été enfevelie pendant
le jour fous les ruines d'une maifon, avec
un de fes pieds prefque coupé à la cheville
par le tranchant d'un tonneau qui lui
tomba deffus, la pouffiere & le mortier
ayant étanché le fang, le pied fe détacha
de lui-même, & la plaie a parfaitement
guéri fans autre fecours que celui de la
nature ; fi l'on entreprenoit de recueillir
toutes les circonftances extraordinaires de
ce genre, par lefquelles quantité d'habitans des villes renverfées en *Calabre* & en
Sicile ont été comme arrachés à la mort,
on feroit un volume confidérable ; mais
je n'ai eu en vue que de raconter les plus
extraordinaires, & fur-tout celles dont j'ai
pu me procurer des preuves inconteftables.

Dans mon retour à *Naples*, où j'arrivai
le 23 Mai, le long de la côte des deux
Calabres, & de la principauté de *Citra*, je
ne pris terre qu'à *Tropea*, à *Paula* & dans
la baye de *Palinures*. Je trouvai *Tropea*
[petite ville agréablement fituée fur un
rocher qui plonge dans la mer] médio-

crement endommagée, quoique tous les
habitans fussent aussi *baraqués*. Je vis la
même chose à *Paula* ; les pêcheurs me
dirent ici, qu'ils continuoient à prendre
une grande abondance de poisson, comme
ils faisoient depuis le commencement de
ces désastres. A *Tropea* on ressentit encore
le 15 Mai une violente secousse, mais qui
fut de peu de durée; j'en ai éprouvé cinq
pendant le cours de mon voyage, dont
trois furent assez effrayantes, pendant la
la nuit; & pendant mon séjour à *Messine*,
j'ai constamment senti un léger tremblement dans la terre, ce qui a été observé par
plusieurs *Messinois* dans le même-tems.

Je suis réellement honteux, Monsieur,
de vous envoyer cet extrait du journal
de mon voyage si décousu, & recueilli si
fort à la hâte ; mais quand je réfléchis
qu'à moins de vous l'envoyer tel & tout
de suite, la belle saison suspendra les
assemblées de la Société Royale, & que
le sujet sera bien vieux quand elles re-
prendront leur cours ; de deux maux je
choisis le moindre. Ces sortes d'ébauches,
toutes incorrectes & imparfaites qu'elles
soient, ont, comme dans la peinture, le

mérite de la premiere touche, & d'une
forte d'efprit qui fe perd fouvent dans un
tableau plus fini. Si vous confidérez la fatigue que je reffens encore du voyage que
je viens de faire, & que c'eft au milieu
des préparatifs de mon départ pour l'Angleterre, que j'entreprends demain, que
je vous tranfcris ma rélation, je me flatte
que j'aurai quelques titres à votre indulgence. Mais avant de prendre congé de
vous, Monfieur, je veux effayer de recueillir les réfultats de mes obfervations en *Calabre* & en *Sicile*; & de vous préfenter les
raifons que j'ai de croire que ces tremblemens de terre ont eu pour caufe commune quelque convulfion volcanique,
dont le fiege paroît être profond, foit
fous le fond de la mer entre l'Isle de
Stromboli & la côte de *Calabre*, foit dans
quelque partie de la plaine aux environs
d'*Oppido* & de *Terra-nuova*. Si, fur une
carte d'Italie, le compas ouvert à l'échelle
de vingt-deux milles de ce pays-ci, vous
en fixez une des pointes fur *Oppido*, qui
m'a paru le lieu où le tremblement de
terre s'eft fait fentir avec plus de force,
& que vous décriviez un cercle, vous y

aurez inclus toutes les villes, bourgs & villages qui ont été entiérement détruits; où la mortalité a été la plus générale, & où la furface de la terre a éprouvé les altérations les plus fenfibles; fi de-là, allongeant le compas fur une échelle de foixante & onze milles, & partant du même centre, vous décrivez un autre cercle, vous raffemblerez tout l'efpace du pays qui a éprouvé quelque commotion, & où l'on trouve quelque veftige ou quelque dommage caufé par les tremblemens de terre. J'ai conftamment remarqué que ce dommage dans les édifices, auffi bien que la mortalité, a été graduellement proportionné au plus ou au moins de diftance de ce centre fuppofé. J'ai obfervé de même, que de deux villes, également diftantes de ce point, l'une fur la colline & l'autre dans la plaine ou dans un fond, cette derniere avoit toujours beaucoup plus fouffert des commotions que la premiere; preuve fuffifante, felon moi, que la caufe en étoit dans l'intérieur de la terre.

Je penfe encore que le fond de la mer étant plus près du foyer volcanique, que

je

je regarde comme la caufe des commotions , paroîtroit bien plus altéré que les
plaines mêmes , fi nos regards pouvoient
y pénétrer. Mais une foule de rélations,
qui font déjà fans doute fous preffe, re-
préfenteront les chofes bien différem-
ment ; & comme les Philofophes n'aban-
donnent pas aifément les anciens fyftêmes,
ils continueront à foutenir que le dernier
tremblement procède des hautes montagnes de l'Apennin, qui divifent la *Calabre
Ultérieure*; tels que les monts *Dejo, Caulone* & *Afpramonte*. Je voudrois leur demander fimplement, s'ils penfent que les
Isles *Æoliennes* ou de *Lipari*, qui font toutes indubitablement forties du fond de la
mer par des explofions volcaniques, à des
périodes différens , & peut-être très-éloi-
gnés les uns des autres, doivent leur naiffance aux Apennins dans la *Calabre*, ou
bien aux veines de minéraux renfermées
dans les entrailles de la terre fous le fond
de la mer. *Stromboli*, ce terrible volcan,
fans ceffe en activité, & la plus moderne
de ces Isles à cinquante milles des côtes
de *Calabre*, qui ont été affectées du tremblement de terre, explique affez ces phé-

nomènes. Et peut-on suppofer que ces
fecouffes verticales, ou en d'autres ter-
mes, celles dont l'impulfion fut fentie du
fond de la terre à la furface, & qui furent
fi deftructives pour les infortunés habitans de la plaine, aient pu provenir des
monts *Dejo*, *Caulone* ou *Afpramonte?* (13)

---

(13) Ceux qui fuppofent que les tremblemens
de terre actuels de la Calabre font partis des
Apennins qui avoifinent la plaïne, me paroif-
fent établir leur fuppofition fur la plus grande
dévaftation de cette plaine ; mais cette raifon
ne peut être concluante; car, en fuppofant
avec M. le Chevalier Hamilton, que le bras de
mer qui eft entre la Sicile, les Ifles Lipari &
les côtes de la Calabre ultérieure ait été le vrai
centre des commotions, il eft facile à compren-
dre que ce principe volcanique fe dilatant, &
vibrant comme le fon en *ondulations concen-
triques* jufqu'au pied des Apennins, & rencontrant ici une réfiftance infurmontable, elles
dûrent néceffairement rebondir en arriere, &
occafionner, par ces deux mouvemens contras-
tans dans l'intérieur de la plaine, ce choc horrible qui fut caufe de fa dévaftation ; ainfi que
les vagues d'une mer orageufe fe brifant contre
les écueils de fes bords, & rencontrant dans
leur retraite celles qui leur fuccedent, elles fe
choquent avec furie, & caufent un fracas plus

En un mot , mon opinion fur cette caufe cachée, eft; qu'elle eft la même qui a donné naiffance autrefois aux îles *Æoliennes* ou de *Lipari* ; qu'il peut s'être fait quelqu'ouverture dans le fond de la mer , & plus probablement entre *Stromboly* & la *Calabre ultérieure* [car tout le monde s'accorde à avoir entendu un bruit fouterrain dans ces parages], où la nature aura préparé & jetté les fondemens de quelque nouvelle île ou de quelque volcan qui paroîtra hors de la mer dans plus ou moins de fiecles , qui ne font pour elle que des momens ; car, quoique la nature travaille fans ceffe , fes opérations font fi lentes , qu'elles ne peuvent être apperçues des foibles mortels , ni raffemblées dans la courte période que nous appellons l'Hiftoire , telle ancienne qu'elle puiffe être. Qui fait même

---

confidérable que dans la haute mer , où leurmouvement eft plus libre. De-là vient que, dans une bourafque , les mariniers cherchent toujours à prendre le large , moins pour éviter les écueils , que parce que l'agitation eft moins grande en haute mer que près des terres.

fi tous ces grands événemens que j'ai
décrits avec tant de fracas, ne font pas
de fimples effets des exhalaifons refferrées
dans la terre, & engendrées par la fermen-
tation des matieres minérales qui pro-
duifent les volcans, qui, s'ouvrant un
paffage où elles trouvoient moins de réfiftance, doivent avoir naturellement
affecté plus violemment la plaine, où elles
étoient plus reftraintes que fous les hauteurs & les terrains folides des environs.

Lorfque l'Académie Royale de *Naples*
aura publié fa rélation accompagnée de
cartes, de plans & de deffins des curieux
endroits que j'ai décrits, mon travail,
tout imparfait & informe qu'il puiffe être,
aura fon degré d'utilité. Sans le fecours
des gravures, vous fentez, Monfieur,
combien il eft difficile de fe rendre intel-
ligible dans un pareil fujet. Permettez-
moi donc, Monfieur, de réclamer encore
une fois votre indulgence & celle des ref-
pectables Membres de notre Société, fi
tant eft que vous jugiez ma lettre digne
de leur être communiquée.

J'ai l'honneur d'être, &c.

CPSIA information can be obtained
at www.ICGtesting.com
Printed in the USA
BVHW040903160119
537965BV00009B/214/P